THIS BOOK BELONGS TO:

Test Your Color

Test Your Color

Test Your Color

Test Your Color

Test Your Color

Test Your Color

Test Your Color

Test Your Color

Test Your Color

Test Your Color

Test Your Color

Test Your Color

Test Your Color

Test Your Color

Test Your Color

Test Your Color

Test Your Color

Test Your Color

Test Your Color

Test Your Color

Test Your Color

Test Your Color

Test Your Color

Test Your Color

Test Your Color

Test Your Color

Test Your Color

Test Your Color

Test Your Color

Test Your Color

Test Your Color

Test Your Color

Test Your Color

Test Your Color

Test Your Color

Test Your Color

Test Your Color

Test Your Color

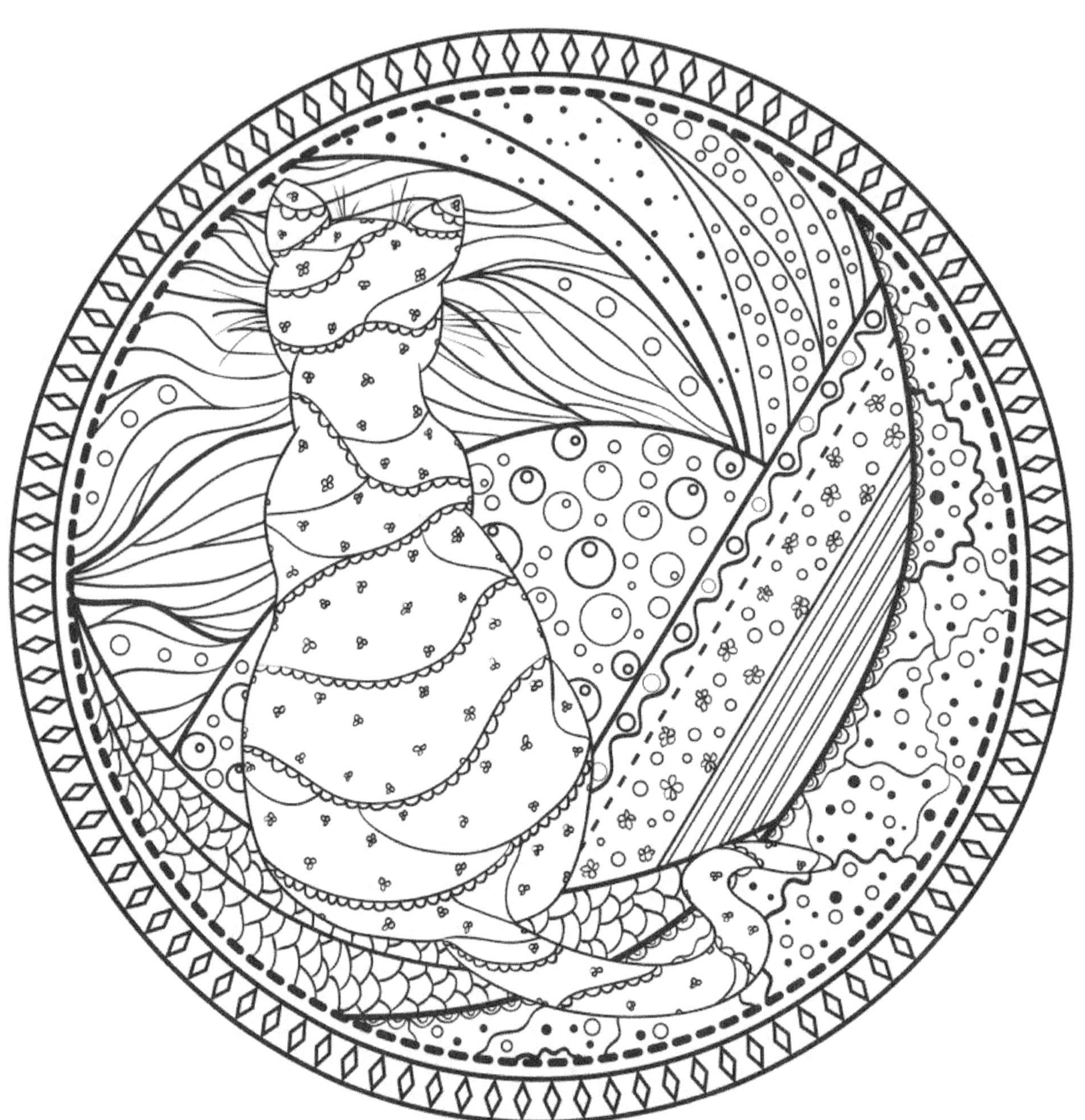

Test Your Color

Test Your Color

Test Your Color

Test Your Color

Test Your Color

Test Your Color

Test Your Color

CATS

Test Your Color

Test Your Color

Test Your Color

Test Your Color

CAT BOOK